Biblioteca básica de H

Biblioteca básica de Historia

Biblioteca básica de Historia

Biblioteca básica de Historia

Biblioteca básica de Historia

Biblioteca básica de Historia

Biblioteca básica de Historia

La Guerra Civil Española

La Guerra Civil Española
Biblioteca Básica de Historia

© **Dastin Export, S.L.**
Polígono Industrial Européolis, calle M, núm 9
28230 Las Rozas (Madrid) - España
Tel. (+) 34 916 375 254
Fax: (+) 34 916 361 256
e-mail: dastinexport@dastin.es
www.dastin.es

Dirección Editorial: Raul Gómez
Edición y Producción: José Mª Fernández
Coordinación Editorial: Ediproyectos Europeos, S.L.
Diseño de colección: Enrique Ortega

ISBN: 84-96249-80-8
Depósito legal: M-39.997-2004

Impreso en España / Printed in Spain

La Guerra Civil Española

Detalle de un cartel editado durante la Guerra Civil

La Guerra Civil Española

Julio Aróstegui
Catedrático de Historia Contemporánea.
Universidad Complutense de Madrid

Más de sesenta años después de su comienzo, entreverada de una densa constelación de recreaciones y símbolos culturales –literatura de todo género, artes plásticas, folklore, filmografía–, substrato todavía de ciertas posiciones ideológicas, la que ha sido desde entonces para los españoles la *Guerra Civil* por antonomasia, continúa siendo, a su vez, el fundamental *punto caliente* de la Historiografía sobre la España del siglo XX.

Ahora bien, la Guerra Civil Española de 1936-1939 dista mucho de ser un hecho histórico bien conocido. Sólo unos pocos de los grandes temas sectoriales que confluyen en la realidad histórica completa de este suceso pueden considerarse como adecuadamente dilucidados. Menos aún conocemos el meollo de lo que es preciso saber: cuál y cómo era la sociedad española donde se desencadenó tan decisivo conflicto. Y por qué.

No se trata de proponer un inclemente revisionismo. Sin embargo, es preciso constatar que veinte años después de las primeras aportaciones al estudio *historiográfico* de la guerra, y cuarenta de la aparición de la masa fundamental de los testimonios *globales* –es decir, las primeras visiones de protagonistas u observadores directos cuando la guerra era ya hecho concluso– seguimos teniendo dificultades metodológicas para comprender y explicar la guerra de manera histórica, sin anacronismos ni alegatos.

La literatura historiográfica sobre la Guerra Civil Española –y los correspondientes ensayos bibliográficos sobre ella– muestran notoria capacidad para envejecer. Lo ocurrido en la década de los sesenta es particularmente significativo.

Se produjeron entonces estudios históricos que hoy se consideran de cabecera, a no pocos de los cuales hizo un señalado favor la censura franquista: los Broué-Témime, Thomas, Jackson, Bolloten, Jellinek, Ibarruri, De la Cierva.

Aparecieron las grandes monografías militares, políticas, diplomáticas, y los primeros estudios estrictamente bibliográficos. Advino una segunda oleada de memorialistas.

Es innegable que la historia de la Guerra Civil entró entonces en una fase diferente de su estudio. Hoy, el paradigma de los años sesenta parece enteramente agotado en su virtualidad.

En efecto, la práctica totalidad de las grandes obras de síntesis histórica sobre la Guerra Civil Española no se mantiene hoy por razones de información y por razones de método. Otras síntesis no tuvieron credibilidad alguna desde su aparición (ejemplo: Georges-Roux).

Las síntesis más serias carecían entonces de fuentes de información hoy disponibles –aunque no todas las posibles–. Las que amenazaban con *desmitificarlo* todo, como la de De la Cierva, además de no haber empleado la mayor parte de las fuentes a la que tenían exclusivo acceso, se convirtieron en un demagógico y

Cartel invitando a mejorar la técnica del Ejército, por J. Clavo

Falangistas saludan el paso del féretro de Calvo Sotelo

Combatientes en acto de servicio, dibujo de Sáenz de Tejada

bastante mal disimulado alegato en favor de los vencedores.

Por lo demás, y ello es más importante, los esfuerzos por *objetivizar, academizar* y, en suma, *distanciar* científicamente el hecho de la guerra –que algunos autores convirtieron en el principal reclamo de su obra–, se han manifestado como estériles y, en algunos casos, sencillamente falsos.

Las síntesis existentes se basan excesivamente en las dimensiones políticas o militares del evento, olvidando otros niveles sin los cuales no es posible explicar los anteriores. Lo mejor de la historiografía sobre la guerra se encuentra en ciertas monografías de los años setenta, que han iluminado parcelas fundamentales del tema (Ramón Salas, Alpert o Viñas).

El Alzamiento Nacional resultaba inevitable, y surgió como razón suprema de un pueblo en riesgo de aniquilamiento, anticipándose a la dictadura comunista que amenazaba de manera inminente.

Estas palabras, que figuran en el libro *Causa general. La dominación roja en España,* son buena síntesis de la tesis que, con diversos ropajes y adobos, puso en circulación sobre los orígenes de la guerra el bando vencedor.

Es difícil encontrar un mito menos cercano a la verdad y que haya constituido durante más tiempo doctrina oficial. Ni en la Guerra Civil hubo un *alzamiento nacional,* ni aquélla era *inevitable,* ni había *riesgo de aniquilamiento,* ni la *dictadura comunista* amenazaba de manera inminente.

No se trata tampoco, evidentemente, de remitirnos a las tesis de los vencidos. El origen de la Guerra Civil hay que buscarlo desde otros presupuestos y sobre otro análisis de los hechos.

La difícil explicación de los orígenes

El enfrentamiento armado está ligado a las formas que en España adquiere la crisis general que recorre Europa y el mundo entre 1918 y 1939. Los procesos españoles de tal período no son en su significación última exclusivos de este país.

La Pasionaria con José Díaz y Palmiro Togliatti

En tal sentido, es un falso problema el de si la Guerra Civil es un conflicto arquetípicamente español o el reflejo de una situación internacional que tendría aquí el primer acto de su desenlace violento. Ningún término de ese dilema explica por sí solo nada, ni responde a una situación histórica definible.

La evolución española no es desligable de los acontecimientos de su entorno. Para hablar del caso español, por tanto, hay que situarse en el marco geohistórico que le subsume, y éste es, cuando menos, el de los países europeos tras la Guerra Mundial de 1914-1918.

La Guerra Civil propició en nuestro país la consolidación de una formación social capitalista; pero de tal modo que condiciona la crisis del sistema de dominación oligárquica consagrado desde 1876 por el sistema de la monarquía de la Restauración.

La guerra trae el súbito enriquecimiento de ciertas clases y el aumento de las dificultades vitales de otras. Un extraordinario incremento de la conflictividad social y una detención de toda veleidad política reformista desde *dentro* del sistema.

Por lo demás, la oleada revolucionaria que recorre Europa desde 1917 tiene aquí también su puntual reflejo. Alemania, Austria-Hungría, Francia, Italia y Turquía, se ven afectadas por ella, bajo el paradigma de la revolución en Rusia. Se trata de la más grave conmoción del mundo capitalista industrializado y liberal; más grave que la de 1848. Ahora, la onda llega también a los países menos evolucionados del Este y Sur de Europa.

La primera ruptura importante y, en definitiva, decisiva, del sistema español de la Restauración se produce en 1917, aunque no concedamos a esa fecha más que un valor simbólico. Se materializan entonces tres rebeliones paralelas frente al orden establecido; pero no coinciden en sus objetivos y, por tanto, no suman sus efectos. Es más, se marca el camino de una duradera divergencia.

El Ejército, las burguesías periféricas y el proletariado manifiestan su protesta al bloque dominante. Desde ninguno de esos sectores puede suscitarse un cambio sustancial, pero desde entonces el régimen restauracionista deja de funcionar con sus mecanismos políticos y sociales establecidos.

El campesinado se incorpora también, de manera irreversible, a la disidencia. No es sino un preámbulo a la crisis mucho más profunda que acarreará poco después la inversión de coyuntura como resultado del fin de la guerra.

Crisis de estructuras

En suma, propiciada, aunque no *puede decirse que* producida, por la Gran Guerra, se abre en 1917 una crisis de las estructuras sociales españolas cristalizadas en los cincuenta años anteriores, que no se cerrará –y de manera provisional, además– sino en 1939.

Asistimos, sucesivamente, a la agonía del régimen político bipartidista –1917-1923–, a la implantación de una dictadura militar y civil que comienza bajo el signo de la *contención* revolucionaria y acaba en un torpe intento de encontrar nuevas vías políticas de base corporativista –1923-1930– y, por fin, a la ruptura que significa el régimen republicano con el designio de encontrar una recomposición modernizadora, sobre base

Cartel solicitando la ayuda de las mujeres, por G. Alonso

El jefe del Gobierno, Largo Caballero, al que se le ha puesto en la mano un anticuado *Winchester*, visita el frente de la sierra madrileña en el verano de 1936; junto a él, Wenceslao Carrillo, padre de Santiago Carrillo

ALFONSO

liberaldemocrática, de las relaciones entre grupos y clases, pero ello en el contexto de la depresión generalizada del sistema capitalista mundial –1931-1936–.

Los tres años finales del período son la culminación del drama de la búsqueda de un nuevo sistema de relaciones sociales de dominación. La sucesión de los regímenes políticos no es, naturalmente, sino el síntoma, la transcripción, de los cambios que se están operando en las estructuras sociales básicas del país.

Problemas de este mismo género se presentan a muchas sociedades europeas del período. De manera estricta ninguna llega en su resolución al conflicto armado interno, pero las soluciones se mueven siempre en las mismas coordenadas: o la profundización de la democracia burguesa o el fascismo o el socialismo.

La consumación de la ruptura

Desde el final de la Gran Guerra se opera en España un doble proceso social.

Uno es la ruptura interna en el bloque de poder creado por la restauración canovista y, por consiguiente, la reafirmación de un proyecto sociohistórico autónomo de las burguesías no oligárquicas, pero satelizadas hasta entonces por la oligarquía.

El otro se opera en la clase dominada, el proletariado y el campesinado desposeído, y tiene también el sentido de una escisión entre aquellos núcleos que aceptan el camino del reformismo político como paso a la emancipación social y los que se niegan a aceptar otra vía que no sea la ruptura revolucionaria.

Soldados relajándose en un intervalo de la guerra, dibujo de Sáenz de Tejada

Artistas y escritores, entre ellos Alberti, visitan al general Miaja

En su explicación histórica profunda, la II República española se presenta como el intento más decidido de sustituir esas viejas estructuras de dominación cimentadas en un capitalismo de base agraria, que convive con núcleos de superior modernidad –Cataluña, Vasconia– y un régimen formalmente liberal, pero no democrático.

La opción *no revolucionaria* para esa sustitución es la propuesta por las medias y bajas burguesías urbanas, las menos ligadas a los intereses agrarios, con la alianza –estructural en unos casos, sólo coyuntural en otros– del sector social-reformista del movimiento obrero –PSOE, UGT–. En cierto modo, y de forma tardía, el comunismo español se sumará también al proyecto.

Los enemigos de este modelo de cambio social son muchos y no se sitúan todos en el lado de la oligarquía agraria opuesta a toda modificación del *status* social. Por supuesto, la fuerza reaccionaria a ultranza es la compuesta por esa clase de terratenientes y sus satélites en el mundo agrario, apoyada por un gran sector de las burguesías de negocios que han prosperado en el sistema anterior.

Junto a ellas se encuentran, de forma unánime en su sentido corporativo e institucional, esas dos fuerzas que, desde 1917, se han manifestado como firme puntal del viejo orden, es decir, Iglesia y Ejército. Ellos son el objetivo posible de la fascistización.

Pero el proyecto reformista se enfrenta también a una opción *revolucionaria,* cuya exacta modalidad y alcance necesita aún de mucho estudio.

Está, primero, el anarcosindicalismo, con su indiscutible arraigo de masas y con una organización como la FAI, que hegemonizará el revolucionarismo de

Mujeres contra la guerra y el fascismo, cartel, por Bardasano

Escena de evacuación durante la Guerra Civil, Madrid

VINOS
VIÑEDO
EN

Ha llegado España. Cartel propagandístico del bando nacionalista

una parte importante de la clase obrera. Viene, luego, el comunismo disidente, de mucha menor incidencia, que cristalizará en el POUM (Partido Obrero de Unificación Marxista).

Se suma a estas tendencias el fenómeno más complejo del *izquierdismo* de un sector del socialismo reformista que se convierte, verbalmente al menos, a las tesis revolucionarias –el ala largocaballerista–. Está, en fin, la trayectoria del Partido Comunista de España, antes del cambio operado en la Komintern en torno a 1935 y su VII Congreso.

Esta triple vía de resolución de un conflicto social de fondo cuyos orígenes se encuentran en la disolución, desde 1917, del sistema de dominación restauracionista confiere a la situación española del período de entreguerras una analogía con otros países europeos.

Esta triple opción de la democracia burguesa reformista, la fascistización o la marcha al socialismo, tiene en España la peculiaridad de enfrentarse con el poder económico, la influencia social y el control persistente de los aparatos de Estado, que sigue detentando de manera invariable la fracción social preeminente de la vieja oligarquía. Dato clave porque confiere especificidad al caso español.

Esa antigua fracción dominante, con ciertas reacomodaciones (el mimetismo fascista) y desgajamientos (un sector de las burguesías medias) acaba imponiendo su propia solución: la permanencia, a través de una Guerra Civil.

El proceso de fascistización en España supone una *mímesis desafortunada* (Jiménez Campo), que produce un *fascismo de cuota,* según Joaquín Maurín. La revolución socialista carece en los años treinta de un instrumento

Anciano y niños calentándose en una hoguera, Madrid, 1937

Soldados atacando una trinchera republicana, dibujo, Sáenz de Tejada

adecuado al no haber conseguido el bolchevismo un partido de masas, ni una bolchevización real de la izquierda socialista ni una mínima táctica común del proletariado. Por fin, el reformismo burgués es el proyecto ensayado por la República, sin que la alianza socialdemocracia-izquierda burguesa dé los resultados esperados.

Bajo las nuevas condiciones políticas derivadas del triunfo del Frente Popular, en febrero de 1936, tal reformismo llega más lejos que nunca, y prueba de ello es lo sucedido con los asentamientos de campesinos.

Cinco meses de Gobierno frentepopulista están marcados por el extraordinario desarrollo de la violencia política. De manera bastante errónea, pero no menos sintomática, muchos tienen esta violencia como el umbral de la revolución. Pero la conspiración antirrepublicana no es consecuencia de esta violencia explícita, sino simultánea e, incluso, anterior.

Sería preciso una rigurosa profundización historiográfica en este asunto, pues sobre ello descansa la justificación ideológica de la sublevación. De hecho, parece poder afirmarse que la Guerra Civil en España no se produce como una derivación de la reacción contrarrevolucionaria frente a un previo proyecto revolucionario.

Evidentemente, la insurrección armada antirrepublicana ha sido profundamente falseada por sus autores al considerarla respuesta a una amenaza revolucionaria. Pero la única amenaza real era cumplir el programa del Frente Popular. Nada más lejos de la revolución.

La estructura del poder oligárquico (una clase de terratenientes y otra de grandes financieros que ha

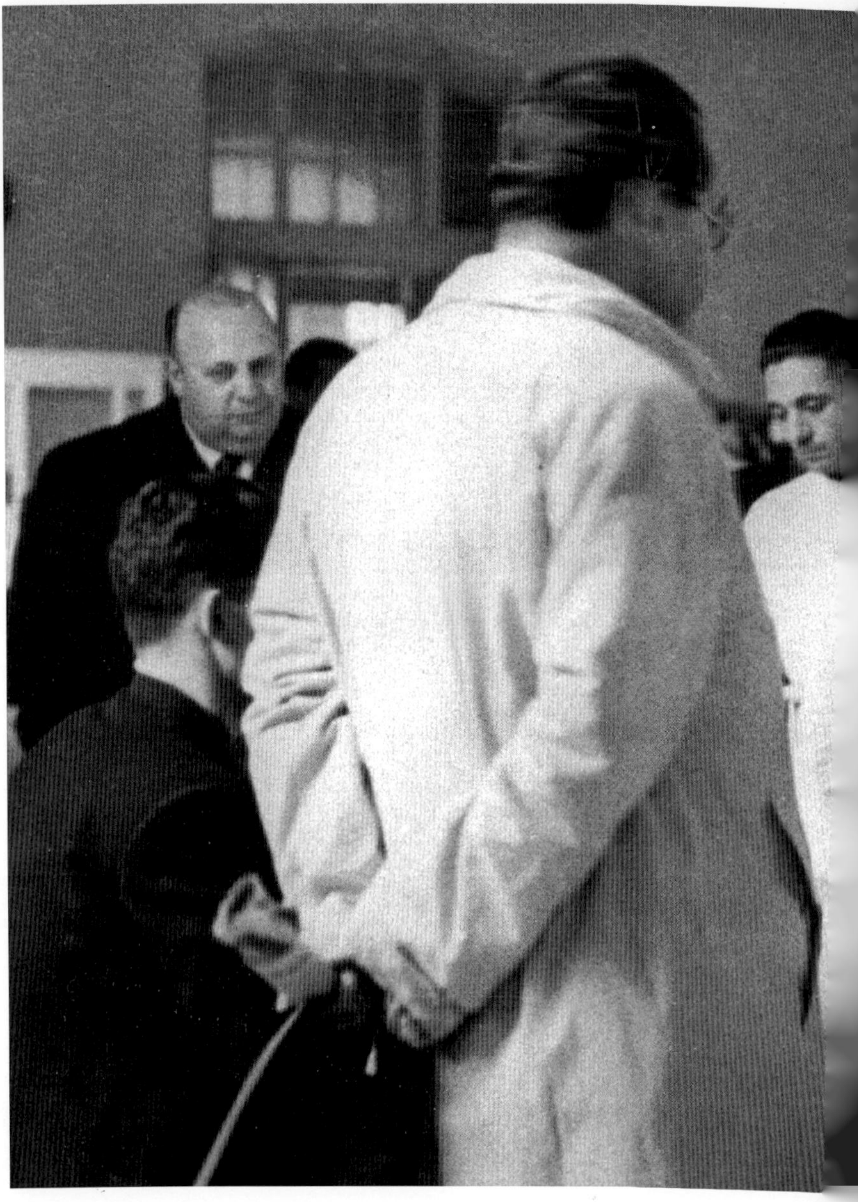

Azaña y Negrín en el Hospital Obrero de Madrid, noviembre de 1937

pactado con la anterior desde comienzos de siglo; unas masas rurales satelizadas por aquéllas y el aparato legitimador de todo ello que facilitan Iglesia y Ejército) es lo que realmente caracteriza el caso español.

Este bloque intuye el peligro de un cambio real de las relaciones de poder. Por ello se lanza a impedirlo por la fuerza.

Conspiración para la insurrección

La historia de las conspiraciones y proyectos insurreccionales contra el régimen republicano es en España tan antigua como la de ese régimen mismo. Primacía en la historia corresponde, sin duda, a las fuerzas sociopolíticas más ligadas a la situación anterior: el monarquismo liberal y el legitimismo (o carlismo). No tardará en seguirles el anarquismo desde el polo opuesto, claro está, de las aspiraciones sociales.

En el uso de la fuerza armada, el primer jalón es el *putsch* Barrera-Sanjurjo, 10 de agosto de 1932, inspirado por un sector social concreto: la aristocracia monárquica.

Durante un período, la conspiración por la derecha une a alfonsinos y carlistas, y a ambos con Mussolini (en el conocido pacto de 1934).

El insurreccionalismo obrero de 1934, que –recuérdese– tiene como motor confesado el impedir que la República sea entregada a los no republicanos, acelera la propensión de las derechas a operar por la vía extralegal.

Otra vía conspirativa es la que, de manera más o menos autónoma, llevan adelante un sector del carlismo y el fascismo español representado por Falange Española.

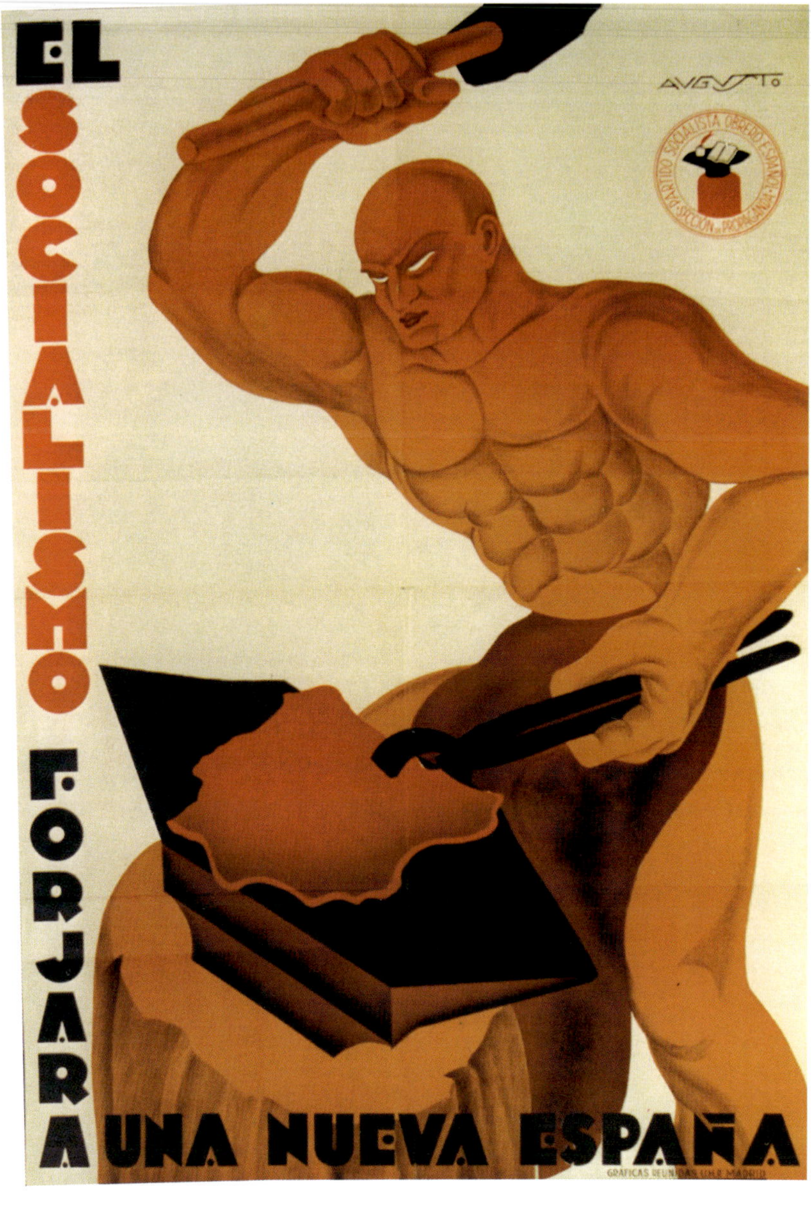

Cartel anunciando que el socialismo forjará una nueva España, Augusto

Puerta de Alcalá engalanada por el XX aniversario de la URSS

U.R.S.S.

Uno y otro grupo piensan, en algún momento de su trayectoria, en el levantamiento sobre la base de *milicias* armadas. Sin embargo, la necesidad de contar con la fuerza armada convencional acaba imponiéndose a ambos.

En cuanto al grupo mayoritario de la derecha española, CEDA, y a su jefe, José María Gil-Robles, este último intentó, treinta años después de los hechos, minimizar una participación probada en la conspiración final. Su apoyo fue político, económico y con participación personal. Sin embargo, es cierto que el partido y sus juventudes nunca elaboraron un plan autónomo de sublevación.

La conspiración definitiva tiene como protagonista indiscutible a una fracción mayoritaria del Ejército. Se trata, en efecto, de una conspiración militar, pero sus conexiones con grupos de presión, partidos políticos y demás colaboradores civiles, la convierten en un fenómeno con los rasgos típicos de los levantamientos militares en España.

La novedad reside en otro punto: su planificación como golpe simultáneo posibilitado por una extensa red de adhesiones y no como un asalto puntual al centro neurálgico del poder. Como es habitual también, la sugestión al Ejército para la destrucción por la fuerza del sistema político existente, tiene su origen en la sociedad civil y precedentes antiguos.

La cristalización de la connivencia sucede, a fines de 1935, con el agotamiento de la situación política de centro-derecha, y se acelera desde el triunfo electoral del Frente Popular. A finales de 1935 se conocen ya las primeras reuniones formales de generales con fines conspirativos (Goded, Orgaz, Villegas, Fanjul, Ponte, Varela).

Un autor con evidente desaprensión califica de *frente cívico-militar* esta connivencia de elementos civiles y

Idealización de la familia de un combatiente falangista, C. S. de Tejada

Campesinos extremeños del bando republicano

militares, en un intento, sin duda, de dotar al movimiento de un pretendido consenso en el que, ciertamente, los conspiradores militares jamás pensaron. Para ellos, como está demostrado, la colaboración civil fue una necesidad, no un deseo, cuestión que, por lo demás, deja patente el interés de una revisión del verdadero papel político del Ejército.

La conspiración militar posee, en parte al menos, un apoyo asociativo: el de la Unión Militar Española (UME), nacida en 1933 por el impulso principal del comandante Bartolomé Barba, cuya actuación concreta no está enteramente documentada. Si bien tal asociación era, sobre todo, asunto de jefes y oficiales, no de generales.

Desde enero de 1936 se discuten propuestas de sublevación en reuniones militares. A propósito del triunfo izquierdista en las elecciones de febrero, Portela Valladares recibe presiones –de Gil Robles y Franco– para la declaración del estado de guerra y la suspensión de los resultados electorales.

Entre febrero y abril, círculos militares concretan planes de alzamiento que, nunca plenamente maduros, quedan eliminados por la retirada de uno de sus principales instigadores, el general Rodríguez del Barrio.

Hasta ahora, futuros dirigentes, como Mola o Franco, no tienen un papel destacado. El cambio de destino que, en marzo, afecta a generales como Goded, Franco o Mola, dificulta aún más las cosas.

Será en la última decena del mes de abril de 1936 cuando al frente de los trabajos conspirativos se coloque la persona que los haría culminar: el general Emilio Mola, desde su puesto de gobernador militar de Pamplona.

Entre abril y julio de 1936, Mola monta un dispositivo militar de sublevación simultánea en todas aquellas

guarniciones donde se consiga la adhesión. La acción contaría con el apoyo civil y paramilitar –carlistas, falangistas– que se pudiera obtener, sin que el elemento militar perdiese nunca la función directiva.

Hasta una fase avanzada de esta elaboración no se pensará en el Ejército de África como pieza clave. Se contará con apoyos económicos de importancia por parte de monárquicos, hombres de negocios, como Juan March y la Editorial Católica, a través de Gil-Robles, entre otros; había también contactos extranjeros que no parecen, sin embargo, relevantes antes del hecho mismo del alzamiento.

La sublevación se prepara en la inteligencia de que su jefe natural será el general José Sanjurjo, exiliado a la sazón en Portugal. La dirección de Mola, en todo caso, no es admitida sin reticencias por otros generales y por círculos afectos a la UME.

Sólo la eficacia y claridad de sus planes y de su red de enlaces consigue su aceptación definitiva a fines de mayo. Mientras, Franco, en Canarias, se mantiene informado, pero en actitud más pasiva.

Capítulo importante de todo el proceso es la conexión de Mola con el carlismo, del que se encuentra muy lejos ideológicamente, pero desde cuyo centro de mayor arraigo, Navarra, actúa el conspirador. El contacto Sanjurjo-Mola se materializa, precisamente, a través de la relación de ambos con los carlistas.

Como hemos dicho, éstos poseían a principios de 1936 un plan autónomo de sublevación que preveía también la jefatura de Sanjurjo. Pero Mola necesitaba de los hombres que podía facilitarle el carlismo navarro para sus planes de marcha sobre Madrid.

Prisioneros italianos en Brihuega, Guadalajara

Cartel promovido por el M. I. Pública y la D. G. de Bellas Artes, Mauricio Amster

Las negociaciones de Mola y los carlistas son el capítulo más laborioso. En abril, Mola difunde su primera *Instrucción reservada* a la que seguirán cuatro más y otros diversos documentos. Descarta progresivamente un plan centrado en Madrid, donde duda del triunfo, y se decide por uno simultáneo en todas las regiones con convergencia final sobre el centro. El 5 de junio, un documento de Mola expone sus ideas sobre el establecimiento de un *Directorio* militar, y en ello se encuentra la clave de sus disidencias de última hora con los carlistas.

A lo largo de junio, Mola completa la red de los conjurados, efectúa los más importantes contactos políticos, determina los cuadros de mando de la sublevación y consigue la adhesión definitiva de Queipo de Llano y Miguel Cabanellas, generales tenidos por republicanos.

Concreta las actuaciones de la Marina y de las fuerzas de África y discute ampliamente con los carlistas las condiciones políticas en que éstos se sumarían al alzamiento. Se concreta también la adhesión de Falange Española.

Las primeras fechas barajadas para el alzamiento lo sitúan para la última decena de junio. Se efectúan sucesivos aplazamientos. En cualquier caso, el último documento preparatorio de Mola lleva fecha del 1 de julio.

La desavenencia final de Mola y la alta autoridad carlista –Javier de Borbón, Fal Conde– hace, según ha señalado una fuente importante, Antonio Lizarza, que se abandone el plan primitivo conjunto de la Comunión y el Ejército, que era que Navarra se levantara el día 12 y África el 14.

Desfile de tropas italianas tras la toma de Santander

Aunque ni tal fecha ni la disposición del plan son confirmadas por otras fuentes, el hecho es que el acuerdo se concluye el 14 de julio y la fecha definitiva queda señalada para el 17 de julio en África y el 18 en la Península.

Permanece oscura la influencia directa del asesinato de Calvo Sotelo, que se conoce el 14, en la fijación de la fecha. De hecho, Franco tiene a su disposición el avión que le trasladaría de Canarias a Marruecos desde el día 11.

En Pamplona, la concentración de los combatientes no se efectúa hasta el domingo 19 por la mañana. Aquella misma tarde sale de allí la primera columna sublevada, la de García Escámez, con el objetivo final de Madrid.

Del golpe a la guerra

La ceguera política de un Gobierno de republicanos de izquierda –producto del Frente Popular– frente a la trama de una conspiración suficientemente conocida, ha sido señalada repetidamente como explicación de la posibilidad misma del golpe militar.

La explicación es correcta en lo esencial, por cuanto una parte considerable de esos políticos, con Azaña a la cabeza, no creían en tal posibilidad. Otros, a los que puede representar bien el socialista Prieto, la reputaban como una amenaza bien real.

Pero el resultado inmediato del golpe de 17 de julio no fue resolutorio para los sublevados ni pudo ser atajado por el Gobierno. Entre los sublevados y las fuerzas representadas por el Frente Popular y los sindicatos obreros no existía solución de compromiso –como dejaba clara la conversación telefónica de Martínez Barrio con

Caballería en un combate de la guerra, dibujo de Sáenz de Tejada

Negrín junto a Zugazagoitia, Giral, Giner de los Ríos y Hernández

Cartel del M.I. Pública y Sanidad solicitando juguetes

Mola el 18 de julio– y se fue hacia la Guerra Civil de manera rápida.

En principio, unos y otros buscan afanosamente la solución por la fuerza, con medidas en parte similares y en parte contrapuestas: petición de ayuda al exterior y movilización de masas. Los sublevados, de masas *despolitizadas* a las que encuadrar militarmente. La República, tras una primera duda fatal en armar al pueblo, de masas ideologizadas políticamente frente al fascismo con las que componer unas milicias armadas sustitutorias de un Ejército inexistente.

La fase de pronunciamiento se desarrolla entre los días 17 y 21 con una distribución final de territorios *leales y rebeldes* que, si bien presenta alguna sorpresa, responde en general a pautas analizables en función de estructuras socioeconómicas y comportamientos políticos previos, aparte los factores de eficacia técnica.

El Ejército sublevado controla sin mayores dificultades el territorio marroquí; el triunfo es también fácil en toda la Castilla del Norte, rural y con predominio de los pequeños propietarios. Igual sucede en una Galicia interior políticamente desmovilizada, aunque con más dificultad en la Galicia marítima.

Se añade a ello una buena parte de la Andalucía latifundista con Cádiz, Córdoba y Granada capital. En Extremadura, Cáceres. En el Norte, Navarra y Álava y, en Aragón, toda su parte oeste, incluyendo las tres capitales.

A estos ámbitos se limita el triunfo sin lucha. Pero se presentan puntos sorpresa donde el triunfo de la sublevación no obedecerá a peculiaridades de estructura, sino a los comportamientos puntuales de una y otra postura. Así, Zaragoza, Sevilla capital, Huelva y Oviedo, controlados por los sublevados.

Pereira, embajador portugués, con Millán Astray y Nicolás Franco en Salamanca

La insurrección se frustra igualmente, sin mayor opción, en la Castilla del Sur, con la excepción, en principio, de Guadalajara y Albacete, pero extendiéndose el fracaso a Badajoz. Fracasa en Levante y Murcia, en la Andalucía penibética, menos Granada, y en Cataluña.

También aquí se da alguna sorpresa: los sublevados contaban con Valencia y no desesperaban de Barcelona. Hubo lucha inicial, de más o menos entidad, en Barcelona, Guadalajara, San Sebastián, Albacete. En Madrid, Málaga y Valencia se asaltaron los cuarteles.

En Zaragoza o Sevilla el fracaso de las fuerzas prorrepublicanas ante una sublevación evidentemente débil inclina la situación en favor de los rebeldes. En Oviedo, Aranda engañará a los líderes obreros. En Barcelona, por el contrario, la contundencia de la respuesta popular liquidará el problema.

En definitiva, permanece leal a la República la España industrializada –el País Vasco, menos Álava; Cataluña, Asturias, etcétera–, donde mayor fuerza tenía el movimiento obrero, con más población urbana y formas sociales más evolucionadas.

La repartición entre Gobierno y rebeldes de la fuerza militar preexistente –incluidos los institutos armados de orden público– es uno de los contenciosos historiográficos más intrincados. Pero hoy está claro que el análisis no puede hacerse con el mero indicador de las cifras sobre las que, por lo demás, no existe acuerdo.

Ateniéndonos a las cifras que nos parecen más fiables de entre las manejadas, podría decirse que en la zona gubernamental quedan unos efectivos militares cercanos a los 50.000 hombres y en la sublevada en torno a los 46.000. Ello en la Península, pero los rebeldes contarán además con los aproximadamente 47.000 hombres del

Caricatura del Generalísimo, por Pedrero

Artillería republicana en Somosierra

BURGOS
162 Kms

Ejército de África. Guardia Civil, Carabineros y Guardia de Asalto repartirán su conjunto casi a partes iguales entre unos y otros: 33.500 con el Gobierno y 31.000 con los sublevados (son datos de M. Alpert).

Asunto más importante es aún el de los militares profesionales, que constituían, obviamente, la médula del Ejército. Está claro que los generales sublevados fueron una minoría, lo que no quiere decir que la mayoría pudiera ser empleada por la República. He ahí, pues, la falacia de las cifras. De los casi 16.000 oficiales que, en una u otra situación, existían antes de la guerra, las cifras de los que colaboran con la República oscilan entre los 3.500 y los 2.000, según las fuentes.

Todo ello no son más que datos sobre el papel. Nunca se insistirá bastante en que ambos Ejércitos fueron, por muchas razones imposibles de analizar aquí, *absolutamente incomparables.*

La lucha armada y sus fases

En el desenvolvimiento militar de la guerra pueden distinguirse *tres grandes* ciclos con su carácter específico. Los describiremos sucesivamente.

El primero transcurre desde el inicio de operaciones militares en campo abierto hasta ocho meses después, marzo de 1937, final de la batalla de Guadalajara, último intento del Ejército sublevado para controlar Madrid y decidir con ello la guerra. Sin embargo, este ciclo es el más complejo en todos los órdenes, lo que obliga a distinguir etapas.

Podría hablarse primero de una fase de *guerra de columnas* –al estilo colonial–, grupos de tropas formados

Cartel de la Junta Delegada de Defensa de Madrid, por Cañavate

Queipo de Llano arenga a las tropas llegadas de África

con pequeñas unidades de diversas armas, de escaso volumen y mucha movilidad. Ésta es la base de la guerra hasta noviembre de 1936 al menos.

La República declara disuelto el Ejército y a primeros de agosto intenta crear otro sobre batallones de voluntarios. Es la época de las *milicias*, reclutadas entre las organizaciones políticas y sindicales. Diversas disposiciones, a fines de septiembre y octubre, acometen la militarización de estas milicias y se dan los primeros pasos para la creación de un Ejército Popular Regular sobre la base de las Brigadas Mixtas. Entre los sublevados, las milicias se militarizarán por decreto de 20 de diciembre de 1936.

En los primeros meses, la guerra es claramente desfavorable para la República. Navarra y Sevilla son los dos grandes centros difusores de columnas rebeldes, centros que forman, respectivamente, el ámbito de mando de Mola y Franco.

No había un mando unificado, puesto que la muerte de Sanjurjo en accidente aéreo privaba a la rebelión de su jefe reconocido. El objetivo esencial para los dos generales citados era Madrid, pero también se enviaron fuerzas contra objetivos complementarios.

Desde Pamplona, columnas compuestas de soldados, fuerzas de orden público, requetés y falangistas, parten hacia Somosierra (García Escámez), Guipúzcoa (Beorlegui), Zaragoza (Utrilla). En Valladolid se organiza la columna Serrador, a la que se suman efectivos navarros, que llegarán al Alto del León, en la sierra de Guadarrama.

Sin embargo, la expansión de Mola sobre Madrid queda detenida por las milicias republicanas creadas en la capital –donde se integran también fuerzas regulares– en los pasos de la Sierra.

Todas las milicias fundidas en el E. P., cartel de Melendreros

Evacuación de Santander por vía marítima, 1937

En la zona Sur, el éxito de un Ejército tan entrenado como el de África, con la Legión Extranjera y las unidades de marroquíes, es mucho más fulminante y también aquí se contará con efectivos de milicias. Con centro en Sevilla, los sublevados amplían y consolidan su dominio de la Andalucía del Guadalquivir y establecen conexión con los sublevados de Granada.

Pero lo absolutamente decisivo para la marcha de la guerra es el paso del Ejército de África a la Península por el estrecho de Gibraltar, gracias a la primera ayuda exterior a uno de los combatientes, en este caso la de Alemania e Italia. A partir del 5 de agosto el transporte por mar de esas tropas se consolida. Columnas mandadas por Asensio y Castejón, a quienes se sumarán después Tella y Yagüe, avanzan hacia el Norte por Extremadura. El 11 de agosto ocupan Mérida; el 14, Badajoz, y penetran después en la provincia de Toledo. El 3 de septiembre ocupan Talavera, nudo estratégico de gran valor, pero entonces Franco se inclina por acudir en socorro de los sitiados en el Alcázar de Toledo.

El 9 de septiembre se efectúa, a través de la sierra de Gredos, el enlace entre las fuerzas sublevadas del Norte y del Sur; el territorio y el Ejército rebelde quedan unificados en un solo bloque.

Habiendo triunfado también en Toledo –Varela desbloqueaba a Moscardó el día 28–, se daban las condiciones y se imponía la designación de un mando único en las fuerzas rebeldes.

El elegido fue Franco, en un proceso del que hay diversas versiones. El 1 de octubre, Franco se convierte en *Jefe del Gobierno del Estado* (sic).

A primeros de octubre, los combates alcanzan la provincia de Madrid. El 21 ocupan los sublevados

Franco con Barroso y Medrano en el Cuartel General

Jóvenes madrileñas salen con armas del cuartel de la Montaña

Asedio al Alcázar de Toledo

Soldados en el frente de Aragón

Sello-cartel solicitando ayuda a Francia, por Miró

Navalcarnero y el 29 se produce el contraataque republicano –anunciado en un manifiesto del Jefe del Gobierno (!)– de Illescas, donde aparecen por vez primera armamento y asesores soviéticos.

A la altura del 6 de noviembre, las columnas reagrupadas y reorganizadas bajo el mando de Varela se encontraban en los arrabales de Madrid. Mientras tanto, en los demás frentes, salvo el de Aragón, los progresos rebeldes eran también incontestables.

En Andalucía, el general leal Miaja se detiene ante Córdoba, aunque había recuperado Albacete. De Baleares, la República sólo conserva Menorca.

Desde Navarra se efectúa el ataque a Guipúzcoa, donde caen Irún el 5 de septiembre y San Sebastián el 13, quedando el frente establecido ante Vizcaya, sobre el río Deva, en octubre. En Asturias, por fin, los republicanos no pueden superar la resistencia de Aranda en Oviedo y la columna enviada en su socorro desde Galicia consigue levantar el cerco.

La *batalla de Madrid* fue un conjunto de acciones durante cinco meses de combate, ciclo al que pertenecen las operaciones del Jarama y Guadalajara. La lucha en torno a Madrid comporta el primer gran revés para los planes de guerra de los sublevados y condiciona decisivamente la prolongación del conflicto.

La ayuda extranjera jugaba ya su papel –Legión Cóndor alemana, aviación italiana, armamento y asesores rusos, Brigadas Internacionales– y la República mostraría una capacidad de resistencia insospechada poco antes. El frente de la sierra madrileña no habría de sufrir modificaciones sustanciales hasta el final de la guerra. El ataque frontal de las fuerzas de Franco se produciría entre el noroeste y sureste de la capital.

La columna de Gerona saliendo al frente de Aragón

La batalla por Madrid comenzó el 7 de noviembre. La ciudad se mostraría inexpugnable. En ello jugó un papel importante la ayuda extranjera en hombres y pertrechos.

El enemigo y los chauvinistas extranjeros han exagerado esa circunstancia. Los milicianos pelearon en Madrid como no lo habían hecho antes; la propaganda funcionó eficacísimamente para mantener la moral; la *Junta de Defensa de Madrid* –sobre la que se acumulan los errores de los autores y los enjuiciamientos sectarios– creada el mismo día 7, presidida por Miaja, general jefe de la Defensa, canalizó el esfuerzo de guerra. Abandonada por el Gobierno el día 6, tal vez por ello mismo aumentó su capacidad de resistencia.

Los atacantes llegaron a cruzar el Manzanares y ocupar parte de la Ciudad Universitaria, pero ahí fueron detenidos. Se emprendió entonces por Franco la alternativa de las maniobras envolventes para el aislamiento de la capital. Por el Jarama para cortar la carretera de Valencia, a partir del 6 de febrero.

Fracasado este objetivo, se monta la operación desde la zona de Guadalajara, desde donde parte la ofensiva el 8 de marzo con un fulminante avance del cuerpo expedicionario italiano, el CTV. Detenido éste, los republicanos lanzan una contraofensiva que hace fracasar la operación, aunque el frente no es repuesto en su posición original.

El descalabro italiano era una victoria moral y demostraba la entidad de la ayuda italiana a los rebeldes. En otros frentes, sin embargo, el éxito no fue parejo.

El 8 de febrero se había perdido Málaga –donde intervinieron por vez primera tropas italianas– y el ataque vasco sobre Villarreal de Álava, en diciembre, no trajo resultados sustanciales.

Una mujer llora desconsolada ante el cadáver de un familiar

Milicianos por las calles de Toledo dirigiéndose al Alcázar

EL

Alegoría de la movilización carlista (dibujo de Sáenz de Tejada)

Hacia el gran viraje

En torno a abril-mayo de 1937 comienza un segundo y largo ciclo central de la guerra, que culminará con el final de la *batalla del Ebro* en una situación de práctica derrota de la República, en noviembre de 1938. En el origen de este segundo momento hay importantes acontecimientos políticos, de organización militar y diplomáticos, en ambos bandos.

Se partía de un relativo equilibrio de fuerzas. Pero durante veinte meses de guerra el equilibrio se fue deshaciendo progresivamente en favor de los insurgentes.

El primer gran revés republicano es la conquista por Franco de toda la cornisa cantábrica –Vizcaya, Santander y Asturias– lo que se consuma entre abril y octubre de 1937. Al final de marzo empieza el ataque a Vizcaya con un Ejército en el que juegan gran papel los requetés carlistas, artillería y aviación alemana e italiana, tropas italianas, que acabarían cosechando una nueva derrota en Bermeo, y los *magníficos fusiles* alemanes que tienen los requetés.

El 26 de abril sucede el célebre hecho de la destrucción de Guernica por la aviación rebelde. El 19 de junio es tomada Bilbao. Después, los batallones nacionalistas vascos capitulan su rendición a los italianos en Santoña, como cuenta el cura Onaindía, cuando le han dejado sus correligionarios. Santander es ocupada en agosto y Asturias, tras duros combates, en octubre.

Para contribuir a la disminución de la presión rebelde en el Norte, la República emprende ofensivas en otros frentes. Este sentido tiene la operación sobre Brunete, en julio de 1937, y en Aragón, en agosto.

Niños refugiados en la estación de metro de Puerta del Sol, Madrid

E. Guijo

En este último frente, las milicias catalanas, compuestas fundamentalmente de anarcosindicalistas, con jefes como Durruti y Ascaso, habían hecho retroceder el frente primitivo hacia el Este en 1936, llegando cerca de Zaragoza y sitiando Huesca. Ahora se desencadenaría un fuerte ataque a la altura de Belchite, donde se formaliza una gran batalla sin un resultado final que introduzca variaciones esenciales.

Perdido el Norte para la República, la guerra se reanuda en diciembre de 1937. Durante un año crucial, 1938, uno y otro bando se esfuerzan en conseguir la iniciativa. El Estado Mayor del Ejército republicano tiene ahora a su frente a un gran técnico, Vicente Rojo.

La nueva etapa comienza con la lucha en torno a Teruel, a iniciativa republicana, para impedir una nueva operación sobre Guadalajara, vía a Madrid, proyectada por Franco. La batalla de Teruel comienza el 15 de diciembre con iniciales éxitos republicanos, que expugnan la ciudad el 7 de enero de 1938.

La guerra se va a fijar entonces en el frente aragonés-levantino durante muchos meses, con operaciones secundarias sólo en Extremadura. Franco planea y ejecuta una gran ofensiva en el bajo Aragón, que dará lugar primero a la batalla del Alfambra.

El 22 de febrero reconquista Teruel. En marzo, la lucha se traslada a la zona sur del Ebro y en una larga serie de operaciones el Ejército de Franco logra desbaratar completamente el frente de Aragón, ocupando la vertiente sur del Ebro, el Maestrazgo y alcanzando el mar en Vinaroz, el 15 de abril.

Al norte del Ebro es igualmente efectivo el avance hacia el Este, que alcanza a Lérida, dejando el frente establecido sobre la línea del Noguera-Segre. El territorio republicano quedaba de nuevo partido, dejando a Cataluña aislada. Entonces, Franco orienta su ofensiva en la región levantina hacia el Sur, con la intención de llegar hasta Valencia. En línea desde el Maestrazgo hasta la costa, avanza en dirección Norte-Sur. Los combates, cada vez más duros, se suceden entre abril y julio de 1938.

El gran esfuerzo frontal del Ejército franquista se agota en las defensas de la sierra de Espadán, con un tremendo desgaste de ambos bandos, antes de que la ofensiva desencadenada por el Ejército republicano en el Ebro, el 25 de julio, cambie el escenario central de la guerra.

En efecto, la última gran batalla de la guerra comienza en esa fecha con el paso del río por un Ejército bien preparado, en el gran recodo que el Ebro describe entre Mequinenza y Cherta. El avance republicano tierra adentro en la margen derecha del río sigue hasta el día 30, pero entonces se detiene con resultados mediocres.

En cualquier caso, la gravedad de la situación hace que Franco acumule refuerzos en la zona y se lance a la contraofensiva desde el 10 de agosto.

Las batallas más duras se producen en septiembre y los franquistas van reduciendo la bolsa sobre el río. La lenta recuperación de territorio continúa en octubre y la definitiva contraofensiva comienza el día 28, el mismo en que las Brigadas Internacionales se despedían de España en Barcelona. El día 15 de noviembre, las últimas fuerzas republicanas repasan el Ebro.

Se entraba, pues, en el último ciclo de la guerra, breve y de escasa actividad bélica, que culminaría con la descomposición política interna de la República, hasta concluir con el golpe de Estado del coronel Casado en

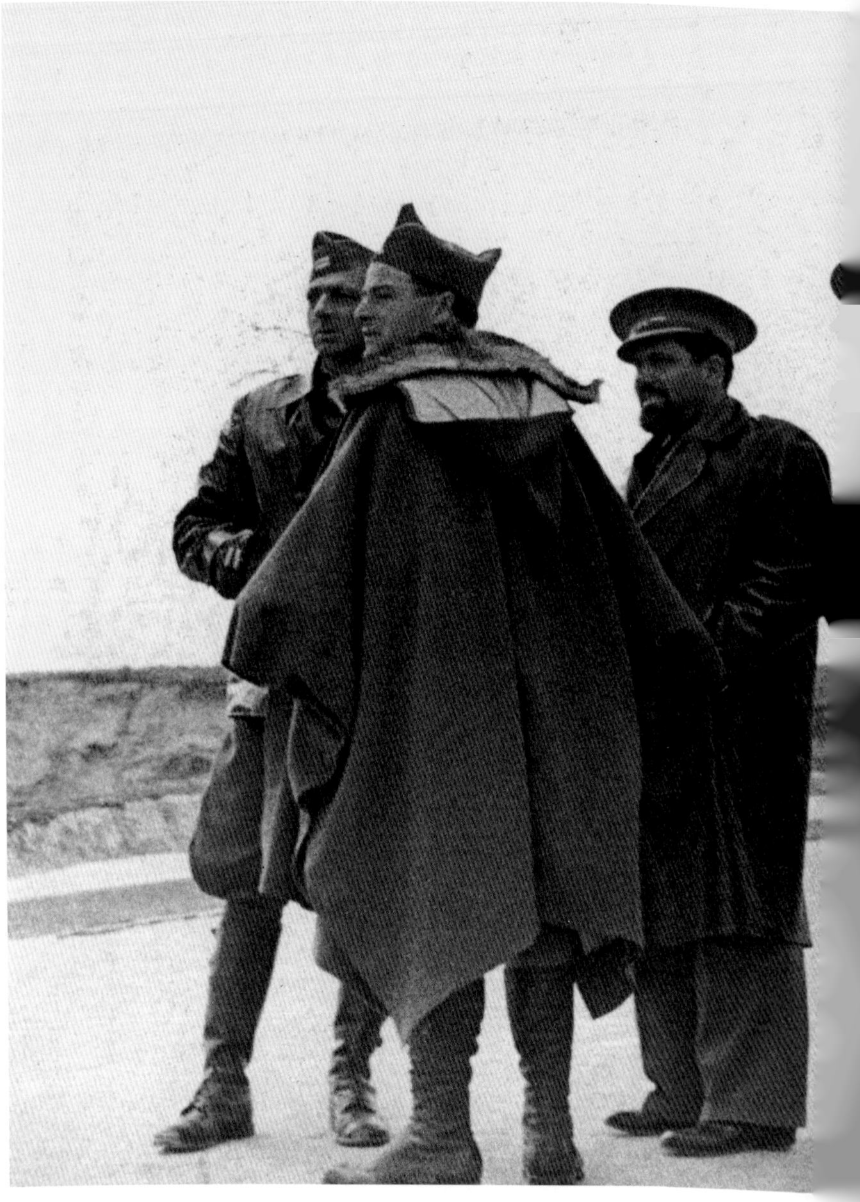

Soldados en el frente de la Alcarria, marzo de 1937

Madrid, a primeros de marzo, rebelándose contra el Gobierno Negrín.

El 23 de diciembre inició Franco su ofensiva final en Cataluña. Ocupadas Lérida y Tarragona, Barcelona fue bombardeada –no por vez primera, desde luego– a mediados de enero, y el día 26 cayó sin lucha.

Aunque aún hubo algún combate más al Norte, la única posibilidad de resistencia de la República se encontraba ahora en la extensa zona Centro-Este-Sureste, que aún controlaba, que era lo que entendían debía hacerse Negrín y los comunistas.

Febrero fue un mes dramático, por la sorda lucha entre los partidarios de continuar la guerra a todo trance –con la esperanza de contar con un conflicto generalizado en Europa que se reputaba inminente– y los que querían pactar con Franco una paz humanitaria al menos. Pero éste promulgó la Ley de Responsabilidades Políticas, que no daba pie a la esperanza precisamente.

En la región Centro, por tanto, ya no se combatió. Casado, el 5 de marzo, creaba un *Consejo de Defensa* (frente al Gobierno), presidido por Miaja y compuesto de socialistas, anarquistas y algún republicano.

El enfrentamiento con los comunistas era una de las causas. Pero estos hombres cometían la ingenuidad de pensar que Franco podía pactar con ellos. No sucedió así, y las tropas de Franco entraron en Madrid el 28 de marzo.

¿Antesala de la guerra mundial?

El mundo, especialmente Europa, analizó la guerra de España a la luz inmediata de los grandes problemas del contexto internacional en la segunda mitad de la década de los treinta.

Lo que *a posteriori* se ha interpretado como un primer acto del drama bélico comenzado poco después a escala mundial, era entendido de esa misma forma por muchos observadores de la época y por amplios sectores de la opinión republicana española.

Se pretendía que en España se enfrentaban ya con las armas las mismas fuerzas que disputaban la hegemonía a escala mundial. Aquí, decían, se jugaba el futuro de las democracias parlamentarias ante el empuje de un fascismo en pleno auge expansivo –Abisinia y la remilitarización de Renania estaban bien cerca–, o destacaban la presencia del comunismo a la sombra amenazadora de la Unión Soviética.

La estricta verdad es que, con estas tres ideologías en la base del conflicto español, las grandes naciones del mundo, para desgracia de este pueblo, se preocuparon mucho más de aislar un conflicto con peligro de extensión que de poner en juego su influencia para solucionar la cuestión española de manera libre y democrática. Y de ello queda constancia en el testimonio de muchos idealistas de la época.

El miedo a las potencias fascistas, el recelo ante la expansión del bolchevismo –a lo que daba un punto de credibilidad el derrumbe del poder republicano en los primeros momentos de la guerra, cosa en la que el comunismo tenía poco que ver–, las claudicaciones del mundo democrático-liberal, hicieron posible con respecto a España una política internacional como la de la *No Intervención.*

Ella sirvió, en definitiva, para propiciar en España el triunfo de las fuerzas profascistas, a las que tanto se temía por las democracias, y para que la Unión Soviética, a fin de cuentas, hiciera una política orientada siempre

La Pasionaria y Uribe en su visita a Madrid, enero de 1938

Republicanos dirigiéndose a las primeras líneas de fuego

Barricada en Barcelona, enero de 1939

por sus intereses nacionales y no por los del socialismo mundial.

La No Intervención no evitó la presencia en España de una notable intervención extranjera y favoreció, al propio tiempo, de manera indudable, el triunfo de la rebelión.

De todas formas, la política internacional de No Intervención, generalmente considerada como una farsa, mostraba la importancia que las grandes potencias concedían al conflicto español, ante el que, de hecho, nadie permaneció neutral.

Los Estados mostraron pronto su posición junto a uno u otro bando. Pero los más afectados eran, naturalmente, las potencias del entorno inmediato y de manera especial aquellas a las que se habían dirigido las primeras peticiones de ayuda.

El 19 de julio, el Gobierno Giral hacía la primera petición de armamento a un Gobierno francés constituido también sobre un Frente Popular y presidido por el socialista Léon Blum.

El día 25, Mussolini concedía su ayuda a Franco y el 26 lo hacía Hitler. Francia, de una política de inequívoco apoyo, pasó a ser la promotora del acuerdo de No Intervención, del que hizo una primera propuesta a Inglaterra, que ésta aceptó el 4 de agosto.

Con mutuos recelos, prontamente se adhirieron al acuerdo Alemania, Italia y la URSS, a las que siguió poco después una veintena de países, entre ellos Portugal, pieza clave en la ayuda exterior para los rebeldes.

El 9 de septiembre se reunía, por vez primera, en Londres el *Comité de No Intervención* en la guerra española, que presidiría lord Plymouth. Naturalmente, aunque la República Española aceptó el acuerdo a condición de que se aplicara con equidad a ambos

Homenaje a las Brigadas Internacionales, por Bardasano

Plaza de Zocodover, Toledo, tras los combates

bandos, ninguna de las fuerzas del Frente Popular podía admitir de buen grado una política que colocaba en el mismo plano jurídico internacional a un Gobierno legítimo y a los sublevados.

Ése era un aspecto de la cuestión, pero había otros. La inmediata evidencia de la ayuda fascista a los rebeldes fue repetidamente denunciada sin conseguir medida alguna.

Lord Plymouth no creyó ni en las pruebas aportadas tras Guadalajara. En fin, en función de tal política, las ambigüedades francesas, condicionadas en gran manera también por su propia situación interna, fueron fatales para la República.

En noviembre se establecía el acuerdo de vigilancia marítima de las costas españolas, adjudicándose zonas a distintas flotas. Se hundieron algunos cargueros destinados a la República y el acuerdo no tuvo otros resultados.

Las potencias extranjeras, pues, jugaban respecto a España la baza de sus propios intereses y no la defensa de principio político o jurídico alguno. En virtud de ello, es preciso no exagerar la influencia del conflicto español en el posterior desencadenamiento del mundial.

La influencia en ese sentido concreto fue poca; la cuestión española añadía poco más a las tensiones existentes, pero, sobre todo, pasaba a segundo plano en función de otros problemas, derivados casi todos del expansionismo hitleriano.

Otra cosa es, no obstante, lo que la guerra española contribuyó a ahondar las diferencias ideológicas en la Europa del tiempo. No cabe decir lo mismo de la influencia en sentido inverso, o sea, de la determinación del curso de la guerra por la intervención extranjera.

En efecto, es posible afirmar que sin la inmediata ayuda de Italia y Alemania a los rebeldes, éstos no habrían podido emprender la guerra. Así lo demuestra, para empezar, el paso del Estrecho por el Ejército de África. Pero las ayudas económicas y de infraestructura fueron igualmente decisivas para ese bando.

Cosa aproximada cabe decir de la ayuda al bando republicano; la intervención soviética, a partir de octubre de 1936, contribuyó a evitar el desplome de la República a fines de ese año. Después, sin esa ayuda, no habría habido forma de equilibrar la prestada a los sublevados.

Entramos así en otro de los contenciosos propagandísticos e historiográficos más difíciles de dilucidar: la entidad y cuantía de las ayudas a ambos bandos. Tampoco es éste un tema en el que las meras cifras permitan una adecuada valoración.

Para referirnos sólo a un punto hoy enteramente resuelto, el de la financiación exterior, puede ya afirmarse algo serio sobre, por ejemplo, la salida de las reservas de oro español hacia la Unión Soviética. Esa reserva, valorada en algo más de 500 millones de dólares de la época, se invirtió totalmente en el pago del armamento adquirido a través de la URSS. El metal salido hacia Francia, por un valor que no llegaba a los 200 millones en la misma divisa, no fue enteramente consumido por la República y, en parte, se devolvió a Franco a través del pacto Jordana-Bérard.

En cuanto al bando de Franco, la financiación externa a cargo de Alemania e Italia ha sido evaluada por Juan Sardá en una cifra, justamente, de otros 500

Soledad y orfandad de una familia junto a los restos de su ajuar

Soldados republicanos en el frente de la Sierra de Madrid durante el verano de 1936

Franco en una visita al Alcázar de Toledo

millones de dólares. A ello habría que sumar los créditos para compras obtenidos en Estados Unidos, los préstamos de bancos ingleses y de particulares, estudiados por Ángel Viñas.

En fin, la Sociedad de Naciones mostró una vez más, su impotencia en un caso como el español a pesar de los esfuerzos desplegados por el ministro Álvarez del Vayo. Sin embargo, Azaña, presidente de la República, practicó una política exterior paralela, de la que es ejemplo su gestión en Inglaterra, para una mediación a través del embajador Azcárate.

En nada benefició ello a la solución del problema. Los acuerdos de Munich, en 1938, entre los dictadores y sus apaciguadores, franceses y británicos, hicieron aún más inevitable el relegamiento a segundo plano del asunto español.

Desde entonces, habiendo disminuido también la ayuda soviética, y ante la potencia demostrada por Franco en la batalla del Ebro, la suerte internacional de la República española estaba echada. Si el 18 de noviembre de 1936 las potencias fascistas se habían apresurado a reconocer al régimen de Franco, ahora se desarrollaría la carrera para hacerlo por cuenta de las llamadas potencias democráticas.

El poder republicano

Fue la sublevación de 1936 lo que produjo en España el más serio conato de creación de un poder revolucionario en toda su historia contemporánea desde la invasión napoleónica.

Entre los meses de julio y octubre de 1936, convivieron en la España republicana dos poderes de hecho, el que representaba la legalidad preexistente y el surgido de la respuesta de la rebelión desde sectores populares.

De otra parte, en el territorio controlado por los rebeldes, una pronta y férrea declaración del *estado de guerra* –cosa que no llegó a hacerse por la República, sino en enero de 1939, cuando la guerra estaba perdida– puso todo el poder político en manos de los militares. El curso de la guerra condicionó, sin embargo, una rápida evolución política en ambas zonas.

En la República se produjo un desbordamiento de poderes *populares* que sustituyen al Gobierno de Madrid o a los autonómicos. Las *milicias* son por sí mismas fuentes de poder en determinados ámbitos. Pero el Gobierno Largo Caballero, desde el 4 de septiembre, significa el esfuerzo por recomponer las vías de la legalidad del Estado a base de una concentración de fuerzas del Frente Popular.

Posteriormente, desde mayo de 1937, el problema sería otro: el de conseguir un consenso de las fuerzas políticas y sindicales republicanas en definir los objetivos de guerra y la organización social que habría de sustentarla. El problema duró más que la guerra.

Los rebeldes atraviesan un proceso político con menos violencia aparente, pero no menos complejidad. Se trataba de dar un simulacro de objetivización política a lo que no pasaba de ser una dictadura militar apenas disimulada en los primeros tiempos con referencias retóricas al antiliberalismo, el anticomunismo y la defensa de valores tradicionales.

Imagen patética de la evacuación de Teruel

Alegoría del final de la guerra con el General Franco y el último parte de guerra (dibujo de Sáenz de Tejada)

La sublevación había producido el derrumbe de las estructuras del Estado, tanto en aquellos sitios donde triunfó como donde había fracasado. En estos últimos, el hecho de que la autoridad republicana, los gobernadores civiles por lo general, se hubieran negado a llamar a las masas a la lucha armada condicionó su sustitución de facto por diversos tipos de Comités, Juntas u organismos de carácter revolucionario que surgían a veces del mismo Frente Popular, pero más comúnmente de los sindicatos y partidos obreros.

El *Comité* fue el nuevo órgano de poder local y regional. A ello no resultó ajeno el comportamiento de unos Gobiernos republicanos vacilantes ante la sublevación.

El poder del Gobierno Giral fue, desde su origen, una cuestión problemática. En Barcelona, Valencia, Málaga, Asturias e infinidad de otros lugares se crearon nuevos órganos de decisión política, militar y administrativa. El Gobierno no hizo, y no podía hacer otra cosa que reconocer tales poderes e intentar asimilarlos al aparato del Estado central, concediéndoles formalmente la autoridad de éste.

La formación del Gobierno Largo Caballero el 4 de septiembre, nacido del agravamiento constante de la situación militar y política de la República, significaba, entre otras cosas, el intento del Frente Popular de asumir en toda su extensión la responsabilidad del poder derivado de la legalidad republicana, deteniendo o encauzando el proceso revolucionario.

Republicanos, pero también socialistas y comunistas, eran absolutamente partidarios de mantener las formas de la República parlamentaria de preguerra. El Gobierno Largo Caballero efectuó la concentración de

ello estaba la mano y el juicio político que de la situación se hacía Emilio Mola. Su presidente fue el general más antiguo, Miguel Cabanellas. El 28 de julio declaraba el *estado de guerra.*

Hubo dos hechos con poderosa influencia sobre el curso político de los sublevados: los éxitos militares del Ejército al mando de Franco y los condicionamientos políticos derivados de la decisiva ayuda de las potencias fascistas.

En función de lo primero, advino el nombramiento de Franco para ejercer el mando supremo, a raíz de las célebres reuniones en los alrededores de Salamanca a fines de septiembre, con una fórmula que agrupaba el poder militar y político de manera dictatorial. Ahí empezaba el proceso que llevaría a la estructuración del *Nuevo Estado.*

Los altos dirigentes de la sublevación divergían en cuanto al futuro político y el régimen a establecer. Los había, como Mola, que no iban más allá de un directorio militar transitorio; los había proclives a la Monarquía con mayores o menores ropajes corporativistas; los había fascistas de estricta observancia. La Monarquía legitimista o carlista contaba con muchas menos posibilidades.

Investido de todos los poderes, Franco nombró una *Junta Técnica de Estado,* ahora con miembros militares y civiles, que funcionaba como un Gabinete ministerial, aunque bajo estricto control, mientras Franco operaba desde su Cuartel General. Sin embargo, desde enero de 1937, empezaron las maniobras políticas que, ante una guerra previsiblemente larga, emprendieron los grupos existentes.

Falange Española y la Comunión Tradicionalista eran los que más habían contribuido a canalizar a una gran

Bibilioteca Básica de Historia

TÍTULOS PUBLICADOS

LOS INCAS

EL RENACIMIENTO

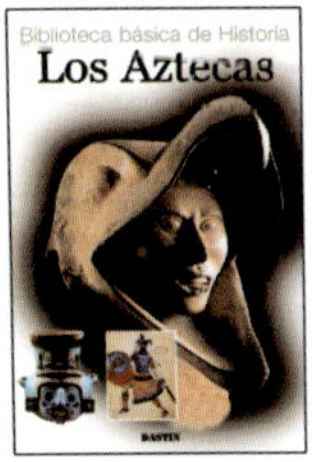

LOS AZTECAS

LOS FENICIOS

LA PALESTINA DE JESÚS

LOS TEMPLARIOS

FARAONES Y PIRÁMIDES

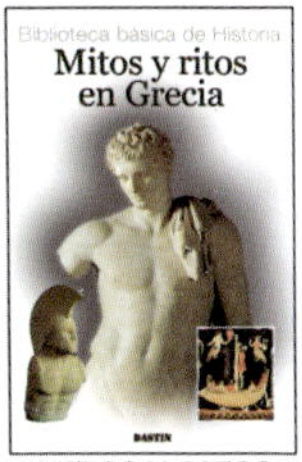

MITOS Y RITOS EN GRECIA

LA GUERRA CIVIL ESPAÑOLA

LA SEGUNDA GUERRA MUNDIAL

LOS VIAJES DE COLÓN

DESCUBRIMIENTOS Y DESCUBRIDORES

NAPOLEÓN

VIDA COTIDIANA EN LA EDAD MEDIA

CARLOMAGNO

VIDA COTIDIANA EN ROMA

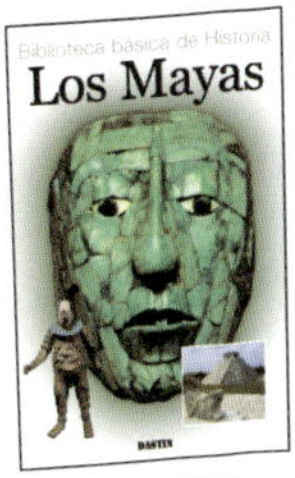

LOS MAYAS

LA REVOLUCIÓN FRANCESA

LOS VIRREINATOS AMERICANOS

LA INQUISICIÓN

Biblioteca básica de Historia

Biblioteca básica de Historia

Biblioteca básica de Historia

Biblioteca básica de Historia

Biblioteca básica de Historia

Biblioteca básica de Historia

Biblioteca básica de Historia